(Par Le Jolivet; d'après le P. Lelong.)

DESCRIPTION
DE LA
POMPE FUNEBRE

Faite dans l'Eglise de la Sainte Chapelle du Roi à Dijon, le 13 Décembre 1740,

Après la mort

DE TRES-HAUT, TRES-PUISSANT, ET TRES-EXCELLENT PRINCE,

LOUIS-HENRI DUC DE BOURBON,

PRINCE DE CONDE', PRINCE DU SANG, PAIR ET GRAND MAITRE DE FRANCE, GOUVERNEUR DE BOURGOGNE.

*Par M. L. J****

A DIJON,
Chez ANTOINE DE FAY, Imprimeur des Etats, de la Ville & de l'Université.

M. DCC. XLI.

DESCRIPTION
DE LA
POMPE FUNEBRE

Faite dans l'Eglise de la Sainte Chapelle du Roi à Dijon, le 19. Décembre 1740,

Après la mort

DE TRES-HAUT, TRES-PUISSANT
ET TRES-EXCELLENT PRINCE,

LOUIS HENRI
DUC DE BOURBON,

PRINCE DE CONDÉ, PRINCE DU SANG,
PAIR ET GRAND MAITRE DE FRANCE,
GOUVERNEUR DE BOURGOGNE.

A DIJON,
Chez [illegible] de Fay, Imprimeur des États, de la Ville & de l'Université.

M. DCC. XL.

DESCRIPTION

DE LA

POMPE FUNEBRE.

ON n'entreprendra point de peindre ici la juſte douleur qu'a reſſentie la Bourgogne à la nouvelle de la mort de MONSEIGNEUR LE DUC ; on en peut juger par la grandeur de la perte qu'a faite cette Premiere Province du Royaume, d'un Prince du Sang Royal, qui étoit tout à la fois pour elle, & un Gouverneur, & un Pere, & un Protecteur ; on ſe bornera uniquement dans cette Deſcription, à un détail exact des ſoins dont MM. les Elûs Généraux ſe ſont chargés au nom des Etats, pour donner à la mémoire de SON ALTESSE SERENISSIME, des témoignages autentiques de leurs vifs regrets, en lui rendant par une cérémonie pieuſe & auguſte, les derniers honneurs qu'ils lui devoient par amour & par respect.

La nouvelle de la mort de MONSEIGNEUR LE DUC se répandit à Dijon le 31 Janvier 1740, & après que les premiers mouvements de douleur eurent laissé quelque place à la réflexion, MM. les Elûs Généraux délibérérent d'ordonner une Pompe Funébre, dont l'éclat pût répondre & à la gloire du nom DES CONDÉS, & à la reconnoissance de la Bourgogne. Mais à peine eurent-ils donné les ordres nécessaires aux préparatifs de cette Pompe, qu'ils furent obligés de se rendre à Paris, où Sa Majesté les avoit mandés pour y traiter des affaires de cette Province.

Pendant leur absence qui dura jusqu'à la fin de Juillet, on avoit presque tout disposé selon leur intention; ils auroient satisfait sans délai à un devoir aussi légitime, mais s'étant fait une délicatesse de ne pas priver le Public de cette occasion de rendre à Son Altesse Sérénissime un dernier hommage, ils remirent l'exécution de cette cérémonie à la fin de l'Automne suivante, tems auquel toute la Ville est ordinairement rassemblée.

MM. les Elûs Généraux, pour ce pompeux apareil, choisirent, de l'agrément du Chapitre, l'Eglise de la Sainte Chapelle, dans laquelle Monseigneur le Duc avoit donné tant de fois des preuves édifiantes de sa piété; Eglise Royale, auguste par sa fondation, * & aussi célébre par le dépôt sacré de l'Hostie miraculeuse qu'elle conserve depuis quatre cens ans, que distinguée par la décence & la majesté du culte que l'on y rend à Dieu.

* L'Eglise de la Sainte Chapelle de Dijon, fondée en 1172 par Hugues III. sixiéme Duc de Bourgogne de la premiere Race. Voyez l'Histoire de Bourgogne par D. Urbain Plancher, Religieux Bénédictin, vol. 1, pag. 353.

DESSEIN
DE
L'APAREIL.

CASTRUM DOLORIS.
Le Camp de la Douleur.

L'Eglise est en possession d'apeller la Chapelle ardente qui sert aux Funérailles des Princes, du nom de * *Camp de la Douleur*, parce qu'anciennement les Chapelles ardentes étoient faites en forme de Tours ou de Chateaux, & enfermées de barrieres, qui ressembloient assez à la palissade d'un Camp.

Les Anciens ** décoroient avec la plus grande magnificence, les portes des Palais & des Temples où ils exposoient les corps des Princes & des Héros, pour leur rendre les derniers devoirs; ils les entouroient tantôt de pins & de cyprès, pour marquer la douleur & le deüil, & tantôt de verdure & de palmiers, pour marquer l'espérance de la résurrection & l'immortalité de l'ame.

* Pontifical Romain.
** Voyez le Traité des Funérailles de Claude Guichard.

PORTAIL DE L'EGLISE.

POur ſe raprocher en quelque ſorte de cet ancien uſage dans une ſi juſte occaſion, on avoit revêtu le Portail de l'Egliſe de la Sainte Chapelle dans la hauteur de cinquante pieds, ſur la largeur de ſoixante & douze, d'une décoration peinte en marbre blanc & noir, veiné, d'une très-belle ordonnance.

Le milieu repréſentoit un grand Portique, composé de deux colonnes d'ordre Ionique, avec ſocles, baſes & chapiteaux réhauſſés d'or, portant en arcade une grande corniche architravée, chargée de deux Anges peints en marbre blanc, qui dans un excès de douleur, ſembloient avoir abandonné pour un moment les Armes du Prince dont ils ſont les Suports, & ne pouvoir les reconnoître dans ce lugubre apareil qu'à la lueur des torches funébres qu'ils tenoient dans leurs mains. A l'aplomb de ces colonnes, la corniche étoit encore chargée d'un petit amortiſſement ſur lequel, de chaque côté, étoient des lampes ardentes réhauſſées d'or.

Au-deſſous de l'architrave de cette corniche ceintrée, le vuide qui reſtoit en forme de timpan entre les chapiteaux & l'arcade inférieure, étoit rempli par les Armes de Monſeigneur le Duc, qui ſont de France, briſées d'un bâton alizé de gueule péri en bande, l'Ecu entouré & accolé des Coliers des Ordres du Roi, & de la Toiſon d'Or, ſommé de la Couronne de Prince du Sang, qui eſt d'or, réhauſſée de huit Fleurs de Lys de même; elles étoient ſoutenuës par un trophée mortuaire qui terminoit cette par-

DECORATION DU PORTAIL.

Inventé par Gabriel premier Architecte du Roy

1 2 3 4 5 Toises

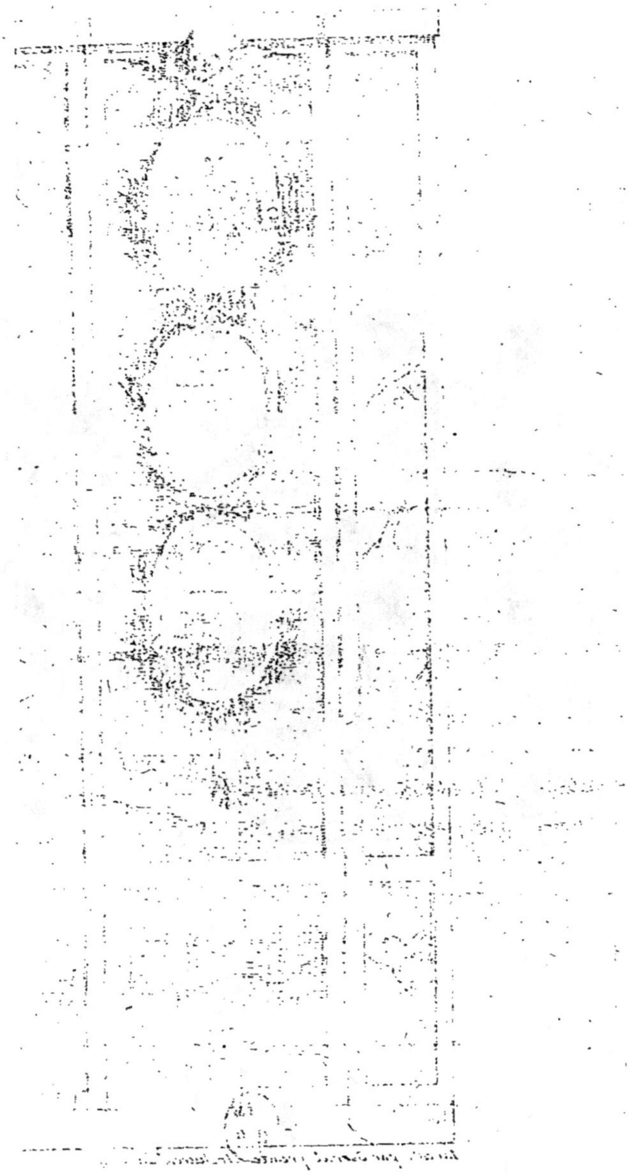

tie de décoration jusqu'à l'ouverture de la porte de l'Eglise.

Ce Portique renfoncé de cinq pieds, étoit flanqué de deux grands avant-corps de vingt-deux pieds de large chacun, d'une architecture simple, mais noble; ils étoient fermés à leurs extremités par deux panneaux ravalés en forme de pilastres, & élevés sur des soubassemens de même; ces deux panneaux-pilastres étoient séparés chacun par une chute de trois grands Médaillons en forme de trophées, entrelassés de palmes & de lauriers; ils étoient aussi soutenus par des cordons attachés à des têtes de morts servant d'agraffes, réhaussées d'or, avec leurs aîles desséchées.

Sur quatre de ces Médaillons d'environ dix pieds de hauteur chacun, avec de larges bordures réhaussées d'or, & richement ornés, étoient représentées en camaïeu couleur d'agate, & en bas-reliefs, avec leurs attributs, la Prudence, la Justice, la Force, & la Tempérance. Ces Vertus qui caractérisoient S. A. S. sembloient encore par leurs attitudes, inviter ce Peuple qu'il avoit aimé, à lui rendre un dernier devoir de piété par ses priéres & par ses larmes.

Entre ces quatre Médaillons, il y en avoit deux de la même forme, dont les fonds peints en marbre noir, recevoient en lettres d'or les deux Inscriptions suivantes.

PREMIERE INSCRIPTION.

ET FLEVERUNT EUM OMNIS POPULUS PLANCTU MAGNO, ET LUGEBANT DIES MULTOS, ET DIXERUNT QUOMODO CECIDIT POTENS, &c. Maccab. Lib. 1. Cap. 9. Verſ. 20.

Tout le Peuple le pleura amérement pendant pluſieurs jours, en diſant, comment cet homme ſi puiſſant eſt-il tombé?

SECONDE INSCRIPTION.

ADESTE
QUIDQUID EST CIVIUM,
ET SERENISSIMO PRINCIPI
PRECIBUS
ET PIIS LACRIMIS
PARENTATE.

Aprochés, Peuples & Citoyens, venés par vos priéres & par vos larmes honorer le Tombeau du Séréniſſime Prince qui vous eſt ravi.

NEF DE L'EGLISE.

TOute la Nef étoit tenduë depuis les galleries juſqu'au bas des pilliers, & les croiſées étoient généralement couvertes de ſtores de deüil, enſorte que le jour n'y avoit aucune entrée; cette tenture étoit chargée de deux ceintures de velours, ſur leſquelles étoient les Armes de Monſeigneur le Duc, entremêlées de trophées d'armes & mortuaires.

Au-dessous du buffet de l'Orgue ; & entre la distance des deux ceintures de velours, étoient cinq piramides de lumieres.

Aux trois pilliers de l'Eglise, de chaque côté de la Nef, & sur la même ligne, étoient trois grandes girandoles circulaires & piramidales, qui rendoient une lumiere considerable ; & entre elles & sur la tenture, étoient des tables ovales bordées de crêpes, sur lesquelles on lisoit les Inscriptions suivantes, tirées de l'Ecriture Sainte.

I.

BREVES DIES HOMINIS SUNT ; NUMERUS MENSIUM EJUS APUD TE EST. CONSTITUISTI TERMINOS EJUS, QUI PRÆTERIRI NON POTERUNT. Job. Cap. 4. V. 5.

Les jours de l'homme sont courts ; le nombre de ses mois & de ses années est entre vos mains, ô mon Dieu ! vous avez marqué les bornes de sa vie, qu'il ne peut passer.

II.

UMBRÆ ENIM TRANSITUS EST TEMPUS NOSTRUM ; ET NON EST REVERSIO FINIS NOSTRI, QUONIAM CONSIGNATA EST ET NEMO REVERTITUR. Sap. Cap. 2. V. 5.

Notre vie n'est qu'une ombre qui passe ; après la mort, plus de retour ; le sceau est posé, nul n'en revient.

III.

QUARE FACTUS EST DOLOR MEUS PERPETUUS, ET PLAGA MEA DESPERABILIS RENUIT CURARI? Jerem. Cap. 15. Verſ. 18.

LANGAGE D'UNE PROVINCE AFFLIGÉE.

Pourquoi ma douleur eſt-elle devenuë continuelle? Pourquoi ma plaie eſt-elle déſeſpérée? Pourquoi refuſe-t-elle de ſe guérir?

IV.

OMNES MORIMUR, ET QUASI AQUÆ DILABIMUR IN TERRA, QUÆ NON REVERTUNTUR. Reg. Cap. 14. V. 14.

Nous mourons tous, & nous nous écoulons ſur la terre ainſi que des eaux qui ſe perdent ſans retour.

V.

MISERI ESTOTE, ET LUGETE, ET PLORATE: RISUS VESTER IN LUCTUM CONVERTATUR, ET GAUDIUM IN MŒROREM. Jacob. Cap. 4. V. 9.

Affligés-vous, ſoyés dans le deüil & dans les larmes; Que vos ris ſe changent en pleurs & votre joie en triſteſſe.

VI.

NON ERIT TIBI AMPLIUS SOL AD LUCENDUM PER DIEM, NEC SPLENDOR LUNÆ ILLUMINABIT TE: SED ERIT TIBI DOMINUS IN LUCEM SEMPITERNAM, ET DEUS TUUS IN GLORIAM TUAM. Iſaïe, Cap. 60. V. 19.

Vous n'aurés plus le Soleil pour vous éclairer pendant le jour, & la clarté de la Lune ne luira plus sur vous : Mais le Seigneur deviendra lui-même votre lumiere éternelle, & votre Dieu sera votre gloire.

VII.

NON RECEDET MEMORIA EJUS, ET NOMEN EJUS REQUIRETUR A GENERATIONE IN GENERATIONEM. Eccles. Cap. 39. V. 13.

Sa mémoire ne s'effacera point, & son Nom parmi nous sera honoré de siécle en siécle.

VIII.

JUSTORUM ANIMÆ IN MANU DEI SUNT, VISI SUNT OCULIS INSIPIENTIUM MORI, ET ÆSTIMATA EST AFFLICTIO EXITUS EORUM, ILLI AUTEM SUNT IN PACE. Sap. Cap. 3. Vers. 6.

Les Ames des Justes sont dans la main de Dieu : ils ont paru morts aux yeux des insensés : leur sortie du monde a passé pour un comble d'affliction, mais cependant ils sont en paix.

PORTIQUE DE LA TRIBUNE.

AU milieu de cette Chapelle ardente, apellée, *le Camp de la Douleur*, le Portique de la Tribune qui sépare la Nef d'avec le Chœur, composé de trois arcades, étoit tendu depuis le haut jusqu'au bas, en forme d'Arc de Triomphe, que la Mort avoit élevé pour marque de sa victoire. La Balustrade étoit bordée d'une ceinture de velours chargée des Armoiries de S. A. S. & de trophées d'armes & mortuaires : elle étoit encore ſurmontée de trois grandes piramides de lumieres. Les quatre pilliers portoient à la hauteur des impoſtes, des girandoles circulaires, & les clefs des arcades à côté de la principale, étoient ſurmontées de grands trophées d'armes.

Au-deſſus de l'arcade du milieu, étoit une grande table peinte en marbre noir, chantournée en cartouche & enrichie d'ornements funébres, ſur laquelle étoit en lettres d'or l'Inſcription qui ſuit, marquant la dédicace de cette Pompe.

LUDOVICO HENRICO
BORBONIO CONDEO.
E REGIA STIRPE SERENISSIMO PRINCIPI,
QUOD FILIA PATRI AMANTISSIMO,
QUOD UXOR DILECTISSIMO CONJUGI
BURGUNDIA MŒRENS NEC DOLORIS COMPOS.
BURGUNDIÆQUE ORDINUM ADMINISTRI
PIETATIS, AMORIS, ET GRATI ANIMI,
MONIMENTUM ET PIGNUS
S. L. M.

La Bourgogne en proie à de vives douleurs, & les Elûs Généraux des Etats de cette Province conſternés de la mort de LOUIS-HENRI DE BOURBON CONDÉ, *Séréniſſime Prince du Sang Royal, ſe plaiſent à lui donner des gages éclatans de leur piété, de leur amour & de leur reconnoiſſance, & à lui rendre les devoirs que la fille & l'épouſe la plus tendre rend au pere & à l'époux le plus chéri.*

CHOEUR.

DAns le Chœur, & au-dessus de la principale porte, étoit une autre table peinte, chantournée, & ornée de même, sur laquelle on lisoit cette Inscription.

IN MORTUUM
PRODUC LACRIMAS
ET FAC LUCTUM
SECUNDUM MERITUM EJUS.
Ecclesi. Cap. 38. Vers. 16. & 18.

Répandés vos larmes sur un illustre Mort, & mesurés votre deüil sur le mérite de sa Personne.

Tout le reste du Chœur étoit tendu ainsi que la Nef; la tenture portoit les deux ceintures de velours chargées des mêmes armes & trophées mortuaires.

Les croisées du fond du Chœur étoient également garnies de stores de deüil, & les pilliers qui forment les tremeaux des croisées, portoient chacun une grande girandole circulaire & piramidale à quatre rangs de lumiéres, entre lesquelles étoient les Inscriptions suivantes.

PREMIERE INSCRIPTION.

HEI MIHI! QUANTUM
PRÆSIDIUM CIVES, QUANTUM BURGUNDIA
PERDIS.

Quel honneur! Quel apui! malheureuse Province,
Tu perds en perdant ce Grand Prince!

II.

SOLATIA LUCTUS
EXIGUA INGENTIS.

Foible ſoulagement d'une grande douleur.

III.

PRINCIPE DE TANTO RESTAT QUOD COMPLEAT URNAM,
NOMINIS AT VIVIT QUÆ GLORIA COMPLEAT ORBEM.

Condé n'eſt plus, cruel revers !
Ses vertus de la mort n'ont donc pû le défendre ;
Une urne eſt pleine de ſa cendre
Quand ſon nom remplit l'Univers.

IV.

ÆQUA LEGE NECESSITAS
SORTITUR INSIGNES ET IMOS.

Il n'échape rien à la Parque,
Et le Berger & le Monarque,
Tout ſuit ſes rigoureuſes loix.

V.

SPIRITU MAGNO VIDIT ULTIMA.

Sa grandeur d'ame parut juſques dans ſes derniers momens.

VI.

SICCINE SEPARAT AMARA MORS.

Eſt-ce ainſi Mort cruelle que tu nous l'enleves ?

Les deux grandes arcades qui forment la croiſée de l'Egliſe, étoient remplies d'une tenture de deüil dans toute leur largeur & hauteur juſqu'à la voute, & chargée des mêmes ceintures de velours armoriées.

Les formes de menuiſerie de M. les Chanoines, étoient entiérement revêtuës de deüil, & le milieu du Chœur étoit rempli de banquettes couvertes de même.

La corniche des formes étoit garnie d'une ceinture de velours, alternativement chargée d'armoiries, de trophées d'armes & mortuaires, & de girandoles piramidales remplies de lumieres. Ces formes étoient encore revêtuës à leur entrée & à leur ſortie, de ceintures de velours tombantes en forme de pilaſtres, chargées des mêmes trophées.

Au haut de la tenture de ces formes, & au-deſſous de la corniche, étoient poſées les Deviſes ſuivantes, qui exprimoient différemment la douleur de la Province en caractériſant le triſte objet de ſes regrets.

DEVISES.

La premiere, qui avoit pour corps un Vaiſſeau ſans ancre & ſans gouvernail, avoit pour ame ces mots.

JAM VENTOS SYRTESQUE TIMET.

Il craint les écuëils & les vents.

La ſeconde avoit pour corps un troupeau de moutons errants, qui regardent le Ciel, & pour ame ces paroles.

PASTOREM LUGENT RAPTUM.

Ils pleurent un Pasteur qu'ils aimoient tendrement.

La troisiéme avoit pour corps un Cyprès s'élevant au milieu de plusieurs lys brisés par l'orage, & pour ame.

CUPRESSUS UBI LILIA.

L'éclat des Lys fait place à de tristes Cyprès.

La quatriéme avoit pour corps un arbre arraché, qui entraîne par sa chute une vigne attachée à ses branches, & pour ame ces mots.

HOC CADENTE JACET.

Quel sera son soutien en perdant cet apui?

La cinquiéme avoit pour corps une urne sépulchrale aux Armes du Prince, allégorique à la perte d'un Condé; elle avoit pour ame ces paroles.

ÆTERNA ALIMENTA DOLORIS.

Eternels aliments d'une juste douleur.

La sixiéme avoit pour corps la Religion renfermant dans une urne les cendres de S. A. S. & pour ame ces mots.

TRISTE MINISTERIUM.

Triste emploi d'une main sacrée.

La ſeptiéme avoit pour corps un Soleil couchant, qui nous quitte dans ſa ſplendeur; elle exprimoit la mort chrétienne de Monſeigneur le Duc, par ces paroles qu'elle avoit pour ame.

MAGNUS IN OCCASU.

Il eſt grand juſqu'en ſon coucher.

La huitiéme qui avoit pour corps une fuſée brillante qui s'éléve, marquoit le préſage de l'heureuſe deſtinée de S. A. S. fondé ſur ſa ſolide piété; elle avoit pour ame ces mots.

TERRENA DESPICIT.

Son feu pur mépriſe la Terre.

C'eſt à Mr. Richard de Ruffey, Préſident en la Chambre des Comptes de Dijon, & Elû du Roi des Etats de cette Province, auſſi connu par ſon mérite perſonnel que par ſon érudition, que l'on doit la collection des Sentences, les Inſcriptions & la compoſition des Deviſes dont il a donné les traductions.

LE CATAFALQUE.

AU milieu du Chœur, & dans le vuide qui reste entre les formes & le Maître-Autel, étoit le Catafalque ou Mausolée élevé à la mémoire de MONSEIGNEUR LE DUC ; l'exactitude que le Sr. Monseigneur, Inspecteur des Bâtiments des Etats, avoit aportée à la conduite & à l'exécution de cet ouvrage, ne laissoit rien à desirer pour rendre scrupuleusement le magnifique dessein qu'en avoit donné M. Gabriel, Inspecteur Général des Bâtiments du Roi, & premier Architecte de Sa Majesté ; Auteur toujours inimitable, & aussi fertile & élégant dans ses productions, que sçavant dans sa composition.

Le socle de ce Catafalque peint en marbre noir, ainsi que les gradins qui le surmontoient, étoit construit en forme circulaire d'environ seize pieds de diamétre. Les quatre parties diagonales de sa circonférence, étoient marquées par quatre pié-d'estaux d'environ sept pieds de hauteur, peints de même, dont les arrêtes des angles étoient abattuës ; ces pié-d'estaux qui en recevoient quatre autres de même hauteur en avant-corps, & saillants en balustres, portoient quatre Figures assises.

Celles en face de l'entrée du Chœur, faisoient voir les deux Vertus principales de S. A. S. sçavoir, d'un côté la Religion, & de l'autre la Magnanimité : Les deux qui faisoient face à l'Autel, représentoient l'Equité & la Clémence, Vertus inséparables des deux premieres, & qui ont rendu ce Prince si cher à cette Province.

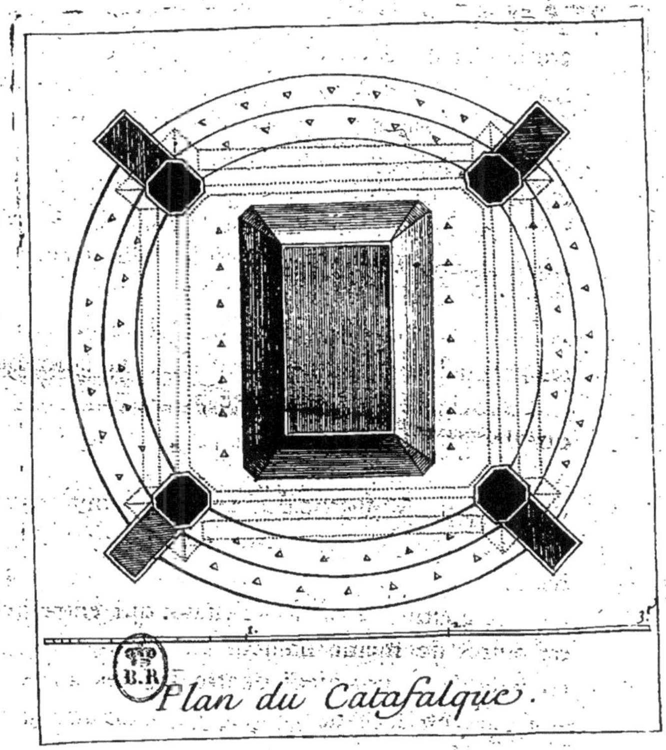

Plan du Catafalque.

Catafalque elevé dans l'Eglise de la S.te Chapelle du Roy a Dijon, pour la Pompe funebre de son Altesse Serenissime Monseigneur le Duc

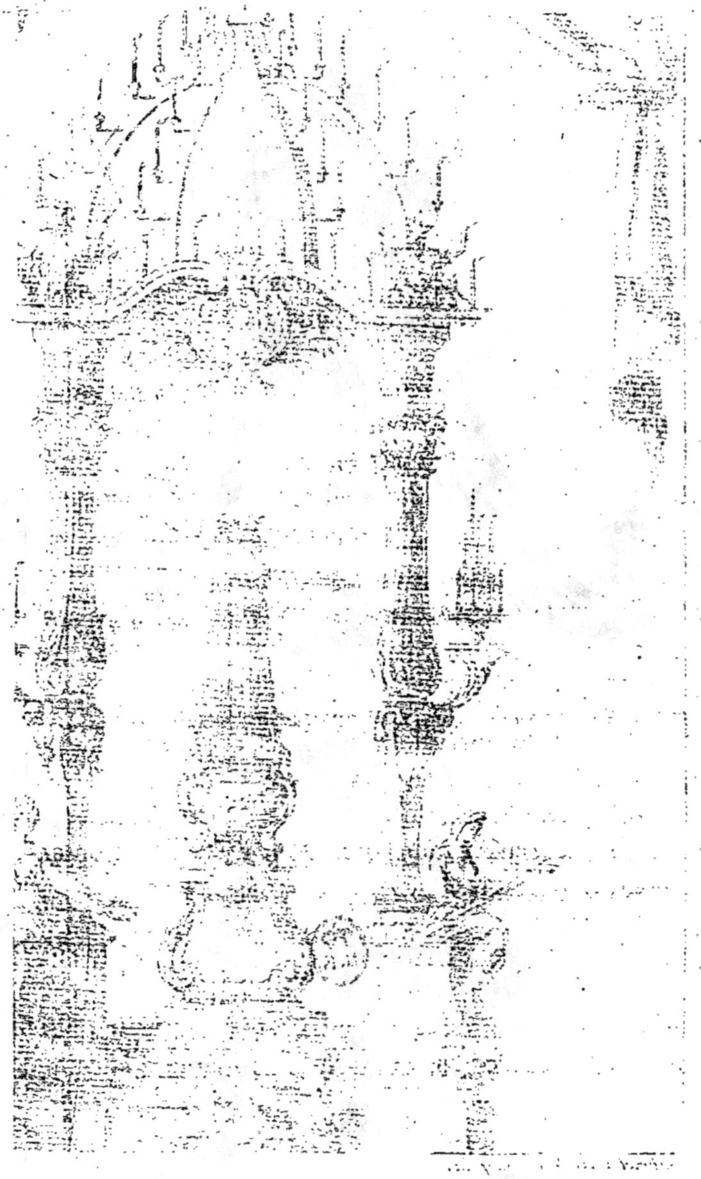

La Religion, qui dans une contenance de douleur, tenoit sur ses genoux la Croix de Jesus-Christ, paroissoit regretter un apui qu'elle avoit perdu : La Magnanimité désignée par la Couronne simbolique qu'elle avoit sur la tête, en tenoit d'une main une de Laurier qu'elle présentoit à la Religion, comme une marque de la victoire que S. A. S. venoit de remporter par sa mort chrétienne, & par l'équité & la clémence qui ne l'avoient jamais abandonné : Ces deux Figures portoient les attributs qui leurs sont propres, & étoient encore caractérisées par l'air de candeur qui les rend si respectables.

Ces quatre Vertus figurées en marbre blanc, & modelées en relief de grandeur naturelle, accompagnoient avec noblesse, quatre grands pilastres d'environ dix-sept pieds de hauteur, peints en marbre blanc veiné, & travaillés en forme de balustres à doubles poires : les arrêtes de ces pilastres recevoient pour ornements des feüilles de refend, & de ces poires qui étoient séparées par des ceintures, sortoient des branches d'ornements dorées, qui formoient des girandoles piramidales garnies de lumieres, lesquelles avec les quatre-vingt cierges qui entouroient la représentation, les vingt-six qui étoient sur l'Autel, & les deux candelabres dont il étoit surmonté, faisoient l'éclat le plus lumineux.

Les quatre pilastres en balustres à bases attiques & à chapiteaux corinthiens dorés, étoient surmontés d'un entablement dont l'architrave & la frize tenoient leur caractere de l'ordre dorique, ayant au lieu de triglyphes des têtes de morts dorées, & des larmes de même à la ceinture de l'architrave, à la place des goutes affectées à cet ordre.

La corniche de cet entablement quarré à l'aplomb de la face extérieure des pilastres, se terminoit aux quatre faces principales par de grands enroulements en forme de frontons antiques, séparés par une tête de mort dorée & sommée de la Couronne du Prince, d'où pendoient en vols à aîles dessechées ses Armoiries blasonnées avec les ornements ordinaires.

A l'aplomb des pilastres & sur la corniche qui étoit bordée de lumieres, étoient des acrotères chargés de trophées d'armes en reliefs, avec leurs corselets, casques & drapeaux.

Ces groupes de trophées étoient adossés à quatre corps de consoles, doubles à l'aplomb de chaque pilastre, qui au moyen des bougies dont leurs côtes étoient garnies, formoient une couronne de feu dont on avoit peine à soutenir l'éclat. Ces consoles qui étoient d'une belle proportion, se réunissoient par un contour gratieux pour porter l'Urne des cendres de S. A. S. qui sembloit encore fumante du feu qui anima ses Vertus, tandis que l'Immortalité qui la surmontoit, emportoit son Image.

Sous ce couronnement lumineux, entre les quatre pilastres, & sur la platteforme du dernier gradin, étoit un soubassement ouvert des quatre faces, formé en adoucissement par quatre consoles d'angles dorées, posé sur une base de marbre noir, & surmonté d'une corniche de même, ayant pour agraffes dans les milieux, des têtes de morts & autres ornements de relief dorés & très-bien traités. Ce ſoubaſſement étoit d'autant mieux diſpoſé, que du bas de la Nef, le Peuple voyoit juſques ſur l'Autel : il portoit un Tombeau peint en porphyre, d'une compoſition antique & ſçavante, & enrichi à ſes angles d'ornements dorés & diſtribués avec art.

Sur le Tombeau, & à douze pieds de hauteur, étoit la repréſentation couverte d'un grand poële de velours noir trainant, fourré & rebordé d'hermine, traverſé d'une croix de mohére d'argent, accompagnée dans les côtés des Armes de Monſeigneur le Duc en broderie d'or & d'argent, & ſur le tout étoit la Couronne de Prince couverte d'un grand crêpe.

Au bas du ſocle du Catafalque, & en face de l'entrée du Chœur, étoit une Figure en relief, peinte en marbre blanc, couchée, repréſentant la Province de Bourgogne apuyée ſur l'écu de ſes Armes blazonné, qui marquoit par une contenance abattuë, la vive douleur qu'elle reſſentoit de la perte de ſon Protecteur.

Cette noble décoration étoit terminée au-deſſus de la Figure qui repréſentoit l'Immortalité, par un grand Pavillon de guerre peint en noir, avec des campannes & glands de relief réhauſſés en argent, & ſurmonté d'une grande Couronne de Prince dorée : ce Pavillon ſoutenu à la voute, laiſſoit tomber quatre pentes de deüil doublées d'hermine de plus de trente aunes de longueur, attachées avec art ſur les tentures des côtés du Chœur.

Tout étant ainſi préparé pour cette auguſte cérémonie, elle fut annoncée le 12 de Décembre par le ſon des cloches de toutes les Egliſes de la Ville, ſuivant les ordres qu'en avoit donné M. Bouhier, Premier Evêque de Dijon ; & sur les cinq heures du soir, MM. les Elûs Généraux & les Officiers de la Province, revêtus de grands habits de deüil, vinrent en Corps à l'Eglise de la Sainte Chapelle.

Le Lieutenant de Prevôt de la Maréchaussée marchoit à la tête de la Compagnie, & ensuite les Gardes du Gouvernement vêtus de leurs casaques avec leurs mousquetons renversés : les quatre Huissiers des Etats portant leurs baguettes, suivoient ces Gardes, & après eux marchoient les deux Commis au Greffe des Etats, qui précédoient MM. les Elûs Généraux dans l'ordre qui suit.

M. l'Abbé de Grosbois, Doyen de l'Eglise de la Sainte Chapelle, Elû du Clergé, & M. le Comte de Roussillon, Elû de la Noblesse, marchoient au premier rang ; ensuite Mrs. de Salins & Cotheret, Députés de la Chambre des Comptes ; M. Richard de Ruffey, Elû du Roi ; M. Burteur, Conseiller au Parlement, Vicomte-Mayeur de la Ville de Dijon, & en cette qualité Président né & Elû perpétuel du Tiers-Etat ; * Mrs. Rigoley de Mypont & Bernard de Blancey, Sécretaires des Etats ; M. Chartraire de Montigny, Trésorier Général ; Mrs. Raviot & Varenne Conseils ; ** & Mrs. Perchet & Rouget Syndics : ils se placérent dans les hauts siéges du Chœur, selon leur rang, & les Gardes qui avoient défilé, entourérent le Catafalque où ils demeurérent de bout pendant tout le tems des Vigiles.

* M. Martenne Maire de la Ville de Saint-Jean de Lône, étoit absent pour cause de maladie.

** M. Boillot Conseil, étoit aussi absent pour le même sujet.

Cet Office fut Chanté en faux-bourdon, à la réserve des Pseaumes *Miserere* & *De profundis*, qui furent exécutés en musique par un corps de cinquante Musiciens placés dans la Tribune. On reconnut dans la composition touchante de M. Doriot, Maître de Musique de cette Eglise, & par l'heureuse variété d'un génie plein de feu, toutes les espérances qu'il donne de joindre bien-tôt à la science des plus grands Maîtres, cet art si difficile de plaire tout à la fois, & aux vrais connoisseurs, & aux moins sçavants.

Le lendemain matin MM. les Elûs Généraux assistérent dans le même ordre au Sacrifice de la Messe, qui fut chantée en musique : à la place de M. l'Abbé de Grosbois, Doyen de cette Eglise, qui assistoit à cette Cérémonie en sa qualité d'Elû du Clergé, il fut célébré avec autant de piété que de décence, par M. l'Abbé de Thésut, qui remplit avec dignité la place de Trésorier de ce Chapitre.

M. Derepas, Chanoine de l'Eglise de Notre-Dame de la même Ville, y prononça un Discours digne de la réputation que cet Orateur s'est acquise depuis longtems, par la noble simplicité du stile, par la justesse & l'élévation des pensées, & par la grandeur des sentiments de piété qui y regnent. Comme on étoit prévenu que par sa modestie ordinaire il ne donneroit point ce morceau à l'impression, on a crû devoir prendre des précautions pour n'en pas priver tout-à-fait le Public, & on se flatte que l'idée que l'on en va donner par l'analyse suivante, en rendant cette description plus interessante, justifiera encore le juste éloge que l'on doit à cet Orateur.

ANALYSE DU DISCOURS FUNEBRE.

L'Orateur de la Province a pris pour texte de son Discours funébre, ces paroles du Prophéte Jérémie.

Facta est quasi vidua Domina gentium, Princeps Provinciarum.

La Reine, la Maîtresse des Provinces, est devenuë comme veuve.

DANS L'EXORDE.

Il a comparé la Province dépoüillée de sa splendeur & de son éclat, à Noëmi qui disoit dans son deüil, *ne vocetis me Noëmi.* Ne m'apellez plus la belle Noëmi; appellez-moi *Mara*, c'est-à-dire amère, parce que le Tout-Puissant m'a rempli d'amertume, & m'a réduite à la viduité. *Ruth.*

Il a renvoyé aux Historiens la gloire des armes, & les mystères du Cabinet. Chargé des regrets de la Province & des larmes de la Religion, il a borné à ces deux points son ministère, & a mis sur le Tombeau du Prince cette Inscription courte, mais magnifique, des anciens Romains.

POUR LES AUTELS ET POUR LA PATRIE.

D'où il a tiré cette division.

Ce que le Prince a fait pour le bonheur de la Patrie.

Ce qu'il a fait pour l'honneur de la Religion.

Que sa vie précieuse à la Province, justifieroit nos regrets ; & que sa vie chrétienne justifieroit ses éloges.

Qu'il se faisoit une double gloire. Gloire, comme Citoyen, de payer à la mémoire & aux bienfaits du Prince un tribut de reconnoissance & de regrets ; gloire, comme Ministre de l'Evangile, de payer à sa piété & à sa religion un tribut d'honneur.

DANS LA PREMIERE PARTIE.

Il a fait voir que notre destinée ne pouvoit être malheureuse sous la conduite du Sérénissime Prince qui nous a gouverné, digne à jamais de nos regrets.

1°. Par la sagesse de son gouvernement.

2°. Par la douceur & la modération de son gouvernement.

3°. Par les heureux fruits de son gouvernement.

1°. Pour prouver la sagesse de son gouvernement, il a fait voir, que la sage administration de la Province venoit d'être mise à l'épreuve, & pesée au poids du Sanctuaire : qu'une glorieuse aprobation avoit suivi de près la discussion ; & que l'œil vif & perçant du sage Ministre, l'ame des Conseils du Roi & l'oracle de sa sagesse, avoit par tout reconnu cette prudente œconomie qui ramène tout au bien public.

2°. Pour prouver la douceur & la modération de son gouvernement, il a comparé le Sérénissime Prince à ces hommes rares, dont le Sage fait l'éloge, & qui embellissent au dehors l'ordre de la société par la douceur des

Vertus civiles. Il l'a représenté avec l'affabilité d'un Prince sans fard, comme sans fierté, aussi indulgent qu'accessible, avec lequel on n'avoit à craindre, ni la sévérité farouche d'une intraitable Grandeur, ni ces passions chagrines qui rendent si onéreux le commerce des Grands.

3°. Il a prouvé les heureux fruits de son gouvernement, par les glorieux & utiles établissements dont il avoit décoré la Province. 1°. Dans l'établissement de * l'Université; il est entré dans les vûës du Prince, dont le grand objet étoit de remédier à l'ignorance qui fait la honte d'une Nation, de maintenir les Loix, de cultiver nos talents, de procurer à nos enfans des secours de lumiere & d'instruction, de nous ménager les frais de ces études dispendieuses qu'il faut aller chercher au loin, de piquer d'émulation des Concitoyens, & d'attirer l'Etranger qui fait la richesse d'une Ville par la réputation des grands Maîtres. 2°. Il a fait voir dans l'érection du Siége Episcopal, ** un monument de sagesse & de piété, que la majesté du culte de Dieu, que la décence des Autels, que l'honneur du Sacerdoce, & les besoins du Peuple rendront à jamais mémorables: que dans ce grand & vaste dessein, qui ne fut jamais l'ouvrage de l'ambition ou de la politique, Monseigneur le Duc avoit rempli la noble idée que les Payens même ont euë du véritable Prince, qu'ils ont apellé le Pasteur des Peuples, & qu'Eusebe, dans la vie du grand Constantin, apelle l'Evêque du dehors.

* En 1722.

** M. Jean Bouhier, Premier Evêque de Dijon en 1731. ci-devant Doyen de l'Eglise de la Sainte Chapelle.

La conclusion de cette premiere Partie a été, de nous flater d'un nouvel apui, & de relever nos espérances par un passage de l'Ecriture : « Que le Dieu des consolations „ vouloit bien nous rendre la vie du Pere dans la per- „ sonne du Fils „ : qu'il étoit mort, mais qu'il ne l'étoit pas tout-à-fait pour nous, puisqu'il se reproduisoit dans cet illustre Rejetton, dans ce tendre & auguste Enfant qui étoit l'objet de ses tendresses, & qui est présentement celui de nos espérances.

DANS LA SECONDE PARTIE.

Pour justifier ses éloges & confondre les mondains sans religion, & les esprits mocqueurs à qui la piété, comme aux Infidéles, n'est qu'un jeu.

Il a relevé dans S. A. S. tous les caractères d'une piété de Prince Chrétien, qui ne se borne pas, comme celle des particuliers, à des dévotions ordinaires, mais qui rend à Dieu un hommage plus noble, un culte plus magnifique.

C'est-à-dire, une piété sincère & vraie . . . . édifiante & exemplaire . . . . noble & généreuse . . . . uniforme & constante . . . couronnée par une précieuse mort. . . .

1°. Il a fait sentir que c'étoit de bonne foi & sans ostentation, que Monseigneur le Duc cherchoit Dieu, parce qu'il est rare de trouver parmi les Princes de ces ames artificieuses qui cherchent à amuser le Peuple par l'apparence, l'hypocrisie n'ayant point de lieu où il n'y a point de peine à craindre, point de récompense à espérer : grand exemple dans un siécle où la Religion est alternativement le joüet du libertinage, ou de l'hypocrisie.

2°. Il a recüeilli pour la piété exemplaire, tous les traits de cette édifiante sagesse, qui ont donné à la piété de S. A. S. ce crédit & ce lustre qui rendent la vertu plus efficace. Il en a fait le catalogue & la liste, & pour éviter qu'on lui fit le reproche d'avoir fait ramper un Prince avec le commun des hommes dans le languissant exercice des vertus communes, il a fait sentir, que s'il est surprenant de voir des ames foibles opérer de grandes choses pour Dieu, il ne l'est pas moins de voir un Prince fidéle à toutes les pratiques de religion.

3°. Pour prouver la piété noble & généreuse de S. A. S. il a fait parler ces aziles sacrés des disgraces de la nature & de la fortune, ce monument éternel de sa piété, cet Hopital * dressé par ses soins, *clamabunt lapides*. Il a fait retentir le Temple des priéres & des vœux des Pauvres qui y sont enfermés, & dont le cri aussi éloquent que le sang d'Abel, demandoit miséricorde pour le Prince.

4°. Il a fait voir que Monseigneur le Duc avoit soutenu avec persévérance ce qu'il avoit entrepris avec maturité : qu'il falloit pour une piété constante & uniforme des précautions, sans lesquelles nos sens, toujours trop décisifs, emportoient souvent une volonté irrésoluë ; & que c'étoit par la sagesse de ces précautions dont il a fait l'énumération ; que S. A. S. tenoit son cœur captif sous le joug de la loi, & se préparoit, par je ne sçais quel pressentiment, au sacrifice qu'il alloit bientôt faire de lui-même.

5°. Pour rendre sa mort précieuse devant Dieu ; il a

* L'Hopital de Chantilly.

réüni les vertus qui ont consacré la victime ; il a fait l'édifiante peinture d'un Prince Chrétien qui craint sans foiblesse, qui espère sans présomption, qui se repent sans hypocrisie ; qui souffre sans ostentation. Il a confondu par l'exemple de ce Prince les timides ménagements des Grands de la terre ; qui éloignent les Ministres du Seigneur comme des messagers de mort ; & qui regardent les Sacrements comme des mystères de mauvais augure.

Il a terminé son discours par une pathétique apostrophe au monument lugubre : il a fait parler le silence du tombeau ; & a tiré des cendres d'un Prince immobile & muet, un fond d'instruction dont la plus vive étoit, Que la mort est un tableau de la justice de Dieu ; & qu'il falloit craindre d'en devenir la victime : Que la mort étoit un monument affreux de l'horreur que Dieu a pour le crime ; & qu'il falloit craindre de le commettre.

Après que ce discours fut prononcé, on continua le Sacrifice de la Messe avec les cérémonies ordinaires ; ensuite desquelles MM. les Elûs Généraux s'en retournérent au Palais des Etats dans le même ordre qu'ils en étoient sortis.

FIN.

Permis d'imprimer à Dijon le 2. Mars 1741. Signé, BURTEUR.

[illegible]
au faire présume d'un Sujet [illegible] doit être fort foi.
[illegible] qui [illegible] dans, ont [illegible] répété dans
[illegible]
de la cause, ont éloigné les Réfugiés du Royaume con-
tre des maximes du [illegible], & qui regardent les Sacre-
mens comme des asyles de [illegible]
[illegible]
tombeaux, de la dureté [illegible] cendres d'un Prince immobile en
mort, un fond d'indignation dont la plus [illegible]
[illegible] tableau de la jalousie de l'État, & [illegible]
[illegible] de l'honneur que Dieu a pour le
[illegible] le culte de la [illegible]
[illegible] prononcé, on continua le-
[illegible]
[illegible] des États dans le même ordre qu'ils en étoient
[illegible]

FIN.

[illegible]

www.ingramcontent.com/pod-product-compliance
Lightning Source LLC
Chambersburg PA
CBHW060744280326
41934CB00010B/2355
9782019577513